Christa Spilling-Nöker

Die Rose und der Rittersporn

Geschichten für zwei, die sich lieben

Mit Aquarellen von
Ursula Mörch

LIEBE …

ist eines der größten und wundervollsten Geheimnisse des Lebens. Wo immer zwei Menschen spüren, dass sie zusammengehören, ist sie ein unfassbares Geschenk. Während der Zeit der großen Verliebtheit wird alles leicht, man hat das Gefühl, als würde man auf rosaroten Wolken schweben, gewissermaßen im siebten Himmel sein. Man liegt einander zärtlich in den Armen und ist fest davon überzeugt, dass sich noch nie zuvor zwei Menschen so tief geliebt haben. Im dauerhaften Zusammensein muss aus der Verliebtheit Liebe wachsen und reifen. Das geschieht sicher nicht immer ohne Auseinandersetzungen und Probleme, die gemeinsam bewältigt werden wollen. Aber was gibt es Schöneres, als wenn ein Paar solche Krisen meistert und miteinander alt werden darf!

Mögen die Geschichten und Gedichte in diesem Buch die Liebe beflügeln, vielleicht auch einmal nachdenklich stimmen, damit das Leben zu zweit heiteren Herzens gelingen kann.

Christa Spilling-Nöker

SOMMERZEIT

Er war wieder einmal spät dran. Fast hätte er vergessen, am Bahnhof noch Blumen zu kaufen. Hastig betrat er das kleine Geschäft in der Einkaufspassage. Er wusste, dass sie rote Rosen liebte, aber mit einem raschen Blick stellte er fest, dass die nicht mehr ganz frisch waren. Die rosafarbenen sehen gut aus, entschloss er sich schnell. Doch die Kundin vor ihm konnte sich zwischen Gerbera und Nelken nicht entscheiden, zwischendurch überlegte sie, ob ein Usambaraveilchen nicht doch passender wäre, schließlich verließ sie das Geschäft, ohne irgendetwas gekauft zu haben. Endlich war er dran. Er zahlte mit einem Schein. „Der Rest ist für Sie!“, rief er der verdutzten Verkäuferin zu, sprang, mehrere Stufen auf einmal nehmend, die Treppen empor und erreichte den Bahnsteig, während der Zug aus München gerade einfuhr. Noch mal geschafft, dachte er. Überall um sich herum nahm er Menschen wahr, die sich suchend umsahen, einander in die Arme schlossen oder, ihre Rollkoffer hinter sich herziehend, allein dem Ausgang zuströmten. Allmählich leerte sich der Bahnsteig.

Er sah sich immer und immer wieder um, ging nervös hin und her, aber Laura war nicht da. Laura. Sie war seine Traumfrau. Hübsch und intelligent zugleich. Während ihres Architekturstudiums hatte sie als Model gejobbt. Sie hatte viele Verehrer gehabt. Umso stolzer und glücklicher war er, dass er sie für sich hatte gewinnen können. Laura. Er spürte, wie sein

Herz schneller schlug. Wo war sie? Hatte er sich im Zug geirrt? Aber er hatte sich ihre Ankunftszeit genau eingeprägt. Verzweifelt blickte er auf seine Armbanduhr, dann streifte sein Blick die Bahnhofsuhr. Seine Uhr zeigte 12.15 Uhr an, die Bahnhofsuhr hingegen 13.15 Uhr. Schlagartig wurde ihm bewusst, dass er die Umstellung auf die Sommerzeit verschlafen hatte.

„So ein Mist“, entfuhr es ihm. „Haben Sie etwa auch die Zeitumstellung vergessen?“ Eine sympathisch aussehende junge Frau mit einem runden Gesicht voller Sommersprossen und rotbraun gelockten Haaren lächelte ihn freundlich an. „Ich habe mir gerade eine andere Verbindung herausgesucht.“ Bei diesen Worten steckte sie ihr Smartphone in die Handtasche. „Ich wollte meine Freundin abholen – und sie hasst Unpünktlichkeit wie die Pest.“ Verzweifelt nestelte er in seinen Jackentaschen herum. „Jetzt habe ich auch noch mein Handy zu Hause liegen lassen. Manchmal kommt aber auch alles zusammen.“ „Wenn Sie die Nummer auswendig wissen, kann ich Ihnen gern meins leihen.“ Dankend nahm er das Angebot an. Aber am anderen Ende der Leitung ging niemand dran. „Sie wird stocksauer auf mich sein.“ „Vielleicht ist sie schon bei Ihnen zu Hause.“ „Sie hat keinen Schlüssel; wir kennen uns noch nicht so lange“, setzte er verlegen hinzu. Dann wartet sie möglicherweise in dem Stehcafé unten auf Sie?“ „Ich werde mal nachsehen, danke!“ Er rannte die Treppe, immer drei Stufen auf einmal nehmend, wieder hinunter, aber in dem Café war sie nicht. Danach sah er sich in jedem Geschäft der Ladenpassage um, aber ohne Erfolg. Wahrscheinlich hat sie versucht, mich auf dem Handy zu erreichen – und das liegt ja nun einmal zu Hause auf dem Schreibtisch. Er hatte am Vormittag noch ausführlich mit seinem Bruder telefoniert. Seine letzte Hoffnung war das Bistro gleich neben dem Blumengeschäft. Aber auch dort war von Laura keine Spur.

„Nun, haben Sie Ihre Freundin immer noch nicht gefunden?“ Erschrocken drehte er sich um, als er die junge Frau mit dem rotbraunen Wuschelkopf hinter sich erblickte, die ihm auf dem Bahnsteig ihr Handy geliehen hatte. „Wollen Sie es noch mal probieren?“ Freundlich streckte sie ihm ihr Smartphone hin. Dankbar wählte er noch einmal Lauras Nummer. Jetzt ging sie dran. Über ihn ergoss sich eine Schimpfkanonade. Eine halbe Stunde habe sie gewartet, ihn mehrfach angerufen. So ließe sie nicht mit sich umgehen! Das sei nicht ihre Vorstellung von einer Beziehung! Sie redete ununterbrochen, sodass er gar keine Gelegenheit fand, die Situation zu erklären. Zu allem Elend wusste er in seiner Verwirrung so schnell nicht, wie er den Anruf auf ‚leise‘ stellen konnte, sodass die junge Frau und auch einige der anderen Gäste große Teile des Gesprächs mitbekamen. Auf einigen Gesichtern machte sich ein breites Grinsen breit. Schließlich brach Laura das Gespräch ab. Mit hochrotem Kopf stand er da wie ein begossener Pudel.

„Haben Sie Lust, mit mir zusammen einen Kaffee zu trinken, um sich wieder zu erholen? Übrigens habe ich mich noch gar nicht vorgestellt. Ich bin Julia Robert." „Julia Roberts?" Er machte ein ungläubiges Gesicht. Sie lachte hell auf. „So reagieren viele, wenn ich meinen Namen sage. Nein, natürlich bin ich nicht die aus dem Fernsehen. Dafür habe ich ja auch ein paar Pfunde zu viel auf den Knochen." Sie sah an ihrer etwas pummeligen Figur hinunter und lachte wieder. „Also, was ist? Mit dem Kaffee, meine ich." „Gern", meinte er verlegen. „Ich bin übrigens Jan. Jan Michelsen." Sie fanden am Fenster einen kleinen Tisch. „Wie wäre es noch mit einem Gläschen Sekt?", frage er, als der Kellner den Kaffee brachte. „Warum nicht, gern", erwiderte sie. „Stoßen wir doch einfach auf die Sommerzeit an." Wieder ihr helles Lachen. Sie hatten eine Weile miteinander geplaudert, als plötzlich ihr Smartphone klingelte. Sie nahm ab. „Julia Robert." „Ach so ist das." Ende. Das war unverkennbar Lauras Stimme gewesen. „Na, da müssen Sie sich aber was einfallen lassen, ein Blumenstrauß wird nicht reichen", meinte sie mit einem Blick auf die Rosen, die auf dem Tisch lagen. „Jetzt denkt sie, Sie hätten eine neue Flamme." Er nickte verlegen. Nach einem Blick auf ihre Armbanduhr stand sie abrupt auf. Ich will nicht auch noch den nächsten Zug verpassen." „Sie sind eingeladen", sagte Jan, „als Dankeschön fürs Telefonieren und dass Sie mir Gesellschaft geleistet haben." Er zahlte und begleitete sie noch auf den Bahnsteig. Plötzlich drückte er der verdutzten jungen Frau den Rosenstrauß in die Hand. „Danke nochmals, dass

Sie mich vor dem völligen Untergang bewahrt haben." Er sah dem Zug noch eine Weile nach, bis er hinter der Kurve verschwand. Dass er ihr in einem unbeobachteten Augenblick aus einer ihm selbst nicht ganz bewussten Laune heraus seine Visitenkarte in den Strauß gesteckt hatte, bemerkte sie erst, als sie daheim die Blumen in eine Vase stellte. Sie musste schmunzeln.

Jan streifte noch eine Zeit lang ziellos durch die Stadt. Immer wieder hörte er Julias helles Lachen. Ich weiß nicht einmal, wo sie wohnt. Keine Telefonnummer, keine Mailadresse, nichts, ging es ihm durch den Kopf. Nun ja, es war eben einfach nur eine nette Begegnung gewesen.

Am Abend versuchte er, Laura erneut zu erreichen, aber vergeblich. Er schrieb ihr eine Mail, in der er ihr die Zusammenhänge erklärte und sich für seine Unachtsamkeit entschuldigte. Aber auch darauf erhielt er keine Antwort.

Die kommenden Tage und Wochen hatte er in seinem Betrieb genug zu tun. Auch seine weiteren Versuche, mit Laura wieder in Kontakt zu treten, der Blumenstrauß, den er ihr schickte, verliefen ergebnislos. Schließlich gab er auf. Dann war es eben nicht die Richtige, tröstete er sich.

Nach und nach entschwand auch die Szene am Bahnhof seinem Gedächtnis. Er hatte sich mittlerweile wieder in seinem etwas chaotischen Junggesellenleben häuslich eingerichtet. Der Schreibtisch war mit Papieren übersät, und auf allen Sesseln und Stühlen stapelten sich Berge von Büchern.

Es war ein sonniger Samstagmorgen Anfang Juli, als es plötzlich klingelte. Das wird die Post sein, dachte er. Er hatte lange geschlafen, zog sich rasch den Bademantel über und öffnete. Vor ihm stand Julia und lächelte ihn an. Er wurde rot. „Entschuldigen Sie meinen Aufzug, ich konnte ja nicht ahnen, kommen Sie doch herein, ich ziehe mir nur rasch etwas an." Hastig räumte er einen Stuhl frei. „Setzen Sie sich doch bitte, ich bin gleich wieder da." Wer konnte denn auch auf so etwas gefasst sein. Die Situation war ihm peinlich. Schnell streifte er Jeans und T-Shirt über. „Mögen Sie einen Kaffee?" „Gern, wenn es keine Umstände macht." Natürlich machte es Umstände. Jan konnte in der Aufregung die Kaffeedose nicht finden – und als er sie endlich aufgestöbert hatte, musste er feststellen, dass sie leer war. Er setzte den Wasserkessel auf. „Ich kann leider nur mit Tee dienen", meinte er verlegen, als er mit einem Tablett mit der Kanne, zwei Tassen und ein paar Zuckerstückchen zurückkam." „Auch gut." Wieder ihr helles Lachen. „Wenn sie noch zwei Teller haben." Sie holte aus ihrer Tasche eine große Tüte mit belegten Brötchen und Kuchenstücken hervor. „Warum haben Sie denn nicht angerufen. Dann wären Sie hier nicht mitten in mein Chaos geplatzt." „Ich bin ganz überraschend losgefahren, um hier heute Nachmittag eine liebe Freundin zu besuchen, deren Mutter plötzlich verstorben ist. Und da dachte ich, ich nehme schon einen Zug früher und schaue mal, wie es Ihnen geht. Heute habe ich auch den richtigen Zug erwischt, es war ja keine Umstellung auf

die Sommerzeit“, fügte sie lachend hinzu, um dann zögerlich fortzufahren. „Haben Sie sich denn wieder mit Ihrer Freundin versöhnt?“ Er schüttelte den Kopf. „Das ist endgültig vorbei. Mögen Sie noch etwas Tee?“ Sie nickte. Er goss nach, dann biss er herzhaft in eine mit Käse belegte Laugenstange. So opulent pflegte er sonst nicht zu frühstücken. „Das war eine gute Idee von Ihnen, das mit den Brötchen und dem Kuchen und überhaupt, dass Sie geklingelt haben.“ Er war immer noch ganz durcheinander. „Ich muss dann auch“, sagte sie nach einiger Zeit mit einem Blick auf die Uhr. „Haben Sie denn für heute Abend schon etwas vor? Wir könnten zusammen essen gehen.“ Er sah sie fragend an. „Ja, gern.“ „Um 20 Uhr am Bahnhof? Unweit davon gibt es einen guten Italiener.“ „Einverstanden.“ Sie umarmte ihn kurz und hauchte ihm einen Kuss auf die Wange. Und schon war sie weg. Wie verrückt das Leben manchmal sein kann, dachte er. Akribisch räumte er seine Wohnung auf, saugte und putzte jeden Winkel wie nie zuvor. Um 19 Uhr schließlich duschte er, zog sich schick an und machte sich auf den Weg. Doch am Bahnhof war weit und breit nichts von Julia zu sehen. Nervös trat er von einem Bein auf das andere. Er hatte nicht einmal ihre Handynummer. Was bin ich doch für ein Trottel, schimpfte er mit sich selbst. Dass einen die Frauen immer zum Narren halten müssen. Nach zwanzig Minuten überlegte er, ob er wieder nach Hause gehen sollte, als er ihr fröhliches Lachen hinter sich hörte. „Ich dachte, bei dem schönen Wetter gehe ich zu Fuß, aber ich habe die Entfernung unterschätzt.

Und der Akku in meinem Handy ist leer. Bitte sei nicht böse!“ Sie lachte wieder und die Sommersprossen in ihrem Gesicht sahen in der Abendsonne aus, als würden sie leuchten. Sie hakte sich bei ihm unter. „Jetzt habe ich aber auch einen Bärenhunger.“

Er hatte am Vormittag für den Garten des italienischen Restaurants einen Tisch bestellt. Im Schatten der Kastanienbäume prosteten sie einander zu. „Es ist doch für dich in Ordnung, wenn wir uns duzen, Jan?“ „Ja, klar, gern, Julia.“ Es war das erste Mal, dass er ihren Vornamen aussprach. Und dabei hatte er das Gefühl, als ob er sie schon eine Ewigkeit lang kennen würde.

Sie gehörten zu den letzten Gästen, die kurz nach Mitternacht das Lokal verließen. Arm in Arm.

Vor ihnen lag ein langer gemeinsamer Sommer ...

TRÄUME

Die Träume
zum Himmel schicken
und den Himmel
im Herzen verankern,
damit sie einem
nicht wieder davonfliegen,
sondern sich erden –
ein Leben lang.

DAS GEDICHT

Leonie hatte erst vor einem halben Jahr ihr Referendariat am Goethegymnasium begonnen. Sie hatte sich dort vom ersten Tage an wohlgefühlt. Alle waren sehr hilfsbereit. Hatte sie ein Problem oder eine Frage, dann konnte sie sich an jede und jeden im Lehrerzimmer wenden. Am liebsten fragte sie bei Unsicherheiten allerdings Christian. Er stand kurz vor dem Abschluss seines Referendariats und unterrichtete auch Deutsch und Gemeinschaftskunde, so wie sie. Ein paar Mal hatten sie während der Ausbildung zusammengesessen und gemeinsam Unterrichtsprojekte entworfen. Er war stets von ihren Ideen begeistert gewesen, worauf sie richtig stolz war.

Sie hatte sich inzwischen eingestehen müssen, dass sie sich heftig in Christian verliebt hatte. Das aber sollte er um Himmels willen nicht merken. Sie hatte den Eindruck, dass er mit einer Assessorin liiert war, und wollte diese Beziehung nicht stören, vielleicht aus einem Gefühl von Anstand heraus, möglicherweise aber auch aufgrund der Angst, sie könne anschließend im Kollegium geschnitten werden und letztlich daraufhin eine schlechte Beurteilung bekommen. Liebesgefühle hin oder her, sie brauchte am Ende ein vortreffliches Zeugnis des Direktors, damit sie eine Anstellung finden würde, da konnte sie Tratsch nicht gebrauchen. Nun verhielt es sich allerdings so, dass sie gerade mit Christian an einem gemeinsamen fächerübergreifenden Projekt arbeitete. Abends flogen die Mails oft nur so hin und her. Zurzeit waren allerdings Pfingstferien, und sie hatte mitbekommen, dass er auf seine geplante Reise weder Laptop noch Smartphone mitnehmen würde. Er wolle einfach einmal ein paar Tage für sich sein, unabhängig und frei von Mails, SMS und sozialen Netzwerken.

Am Samstagnachmittag hatte sie sich gut gelaunt an ihren Schreibtisch begeben. Ihr waren wieder viele neue Ideen zu dem gemeinsamen Projekt gekommen, die sie gleich in den PC schrieb. Dann aber durchfuhr sie die Liebe zu ihm so heftig, dass sie ihre Gefühle in Worte fasste. Ein wunderschönes Liebesgedicht war entstanden. Das kopiere ich mir nachher in meinen Poesieordner, dachte sie. Dann arbeitete sie weiter. Später kamen überraschend noch ein paar Freunde vorbei und am Abend wollte sie sich einen Film im Fernsehen ansehen. Es war schon kurz nach zwanzig Uhr, als sie noch schnell die Mail an Christian sendete. Dann hatte er sie gleich nach seiner Rückkehr.

Sie genoss den Krimi und legte sich anschließend frohen Herzens schlafen. An den folgenden Tagen fuhr sie zu einem Einkaufsbummel in die Stadt, traf sich mit Bekannten und besuchte ihre Eltern. Es war schon Mittwoch, als sie sich wieder mit dem Unterrichtsprojekt befasste. Als sie den Computer einschaltete, durchfuhr es sie plötzlich siedend heiß: Habe ich eigentlich das Gedicht aus der Mail in den anderen Ordner kopiert? Es dauerte nicht lange, bis sie Gewissheit hatte. Sie hatte das Gedicht an ihn versehentlich mitgeschickt. Wie peinlich. Sie spürte, wie sie rot wurde. In ihrer Verzweiflung rief sie ihre beste Freundin an und erzählte ihr von diesem unbeschreiblichen Missgeschick. Hast du es denn schon mit der Funktion „Mail zurückrufen“ probiert. „Nein, daran hatte ich in dem Schrecken gar nicht gedacht. Wart mal eben kurz!“ Sie legte den Hörer beiseite und versuchte ihr Glück, leider ohne Erfolg. „Hallo, bist du noch dran? Da kommt nur: ‚Diese Mail kann nicht zurückgerufen werden.‘ So ein Mist.“ Gemeinsam berieten sie nun hin und her, wie sie sich jetzt verhalten sollte.

Schließlich war Montag, die Ferien waren vorüber und der Unterricht begann wieder. Leonie fuhr etwas früher los, um die Materialien, die sie für den Unterricht in ihrem Schrankfach hatte, zeitig herauszuholen und sich dann bis zum Läuten in der Bibliothek zu verstecken. Hoffentlich schaffe ich es, ihm aus dem Weg zu gehen, dachte sie. In der großen Pause verziehe ich mich ins Besucherzimmer und nach vier Stunden habe ich sowieso Schluss.

Doch es kam natürlich alles ganz anders. Kaum hatte sie das Lehrerzimmer verlassen, kam ihr Christian aus dem Kopierraum entgegen. Wieder spürte sie, wie sie rot wurde. Schweißperlen sammelten sich auf ihrer Stirn und sie wünschte, der Boden möge sich unter ihr auftun. Sie stammelte: „Das Gedicht“, und wollte eigentlich fortfahren: „war nicht für dich bestimmt“, als er ihr das Wort abschnitt und sagte: „ist wunderschön. Ich habe mich so sehr darüber gefreut.“

Er hatte seine Aktentasche abgestellt und war gerade im Begriff, sie in die Arme zu nehmen, als sie im Treppenhaus die Stimmen von zwei Kolleginnen hörten. Er zuckte zurück, dann fuhr er leise fort: „Ich hatte mich nicht getraut, dir zu zeigen, wie sehr ich dich mag. Du machst auf mich immer so einen unnahbaren Eindruck." Leonie sah ihn ungläubig an. „Ich dachte, du bist mit Svenja liiert." Jetzt musste er lachen. „Svenja, die Gute, die kenne ich gewissermaßen aus dem Sandkasten. Unsere Eltern waren miteinander befreundet und so haben wir als Kinder viel zusammen gespielt. Es war reiner Zufall, dass wir uns hier wiedergesehen haben. Wir sind einfach gute Freunde. Da war nie was", setzte er hinzu, als er Leonies fragendes Gesicht sah.
Es läutete. Sie wussten, dass der Direktor kontrollierte, ob alle Kolleginnen und Kollegen rechtzeitig zum Unterricht gingen. „Bis später, in der großen Pause, ich habe Hofaufsicht."

Während ihres Unterrichts war Leonie völlig durcheinander, bis eine vorlaute Schülerin durch den Klassenraum rief: „Das haben Sie uns jetzt schon dreimal gefragt. Geht es Ihnen nicht gut, sind Sie krank?" Liebeskrank, dachte Leonie, riss sich jetzt aber zusammen. In der folgenden Stunde ließ sie eine Klassenarbeit schreiben, bemerkte aber nicht, wie die Schülerinnen und Schüler auf Gedeih und Verderb schummelten. Im Grunde genommen war sie geistig gar nicht anwesend.

Endlich war große Pause. Sie nahm ihr Butterbrot aus der Tasche und ging auf den Hof. Christian war gerade damit beschäftigt, einige Streithähne auseinanderzubringen. „Ich kann jetzt nicht reden", meinte er. „Du siehst ja, was hier los ist. Treffen wir uns heute Abend in der ‚Aubergine'? Du kennst doch das neue vegetarische Restaurant am Ende der Mozartstraße, oder? So um zwanzig Uhr?" Sie nickte nur und stieg freudestrahlend die Treppe hinauf, zurück ins Lehrerzimmer.

Die weiteren beiden Schulstunden verliefen übrigens ähnlich wie die ersten beiden.

Am Nachmittag durchsuchte Leonie den Kleiderschrank nach dem, was sie zu dem Rendezvous anziehen könnte und überlegte, wie sie sich die Haare frisieren sollte. Sie bemühte sich quälend um einige Unterrichtsvorbereitungen, dann legte sie sich aufs Sofa und träumte selig vor sich hin. Wie gut, dass ich das Liebesgedicht nicht gelöscht habe. Ach, wie glücklich einen doch auch einmal die Fehler machen können, die einem im Leben unterlaufen ...

VOM GLÜCK GEKÜSST

Heute hat mich
aus heiterem Himmel
das Glück geküsst.
Ich fühle mich wie von
Schmetterlingen durchtanzt,
Sehnsucht brennt
in meinem Herzen,
und im Verborgenen
träume ich mich hin
zu dir.

DIE ÜBERRASCHUNG

Sie hatten gemeinsam zu Abend gegessen, doch anstatt, wie sonst üblich, den Fernseher einzuschalten, blieb Thomas noch am Tisch sitzen. Andrea war gerade im Begriff, das Geschirr abzuräumen, als er sie ansah und sagte: „Warte bitte damit, ich möchte noch mit dir reden." Erstaunt setzte sie sich wieder hin. „Du weißt, morgen findet die Jahresfeier der Geschäftsleitung statt." Sie nickte. „Dann kommst du also nicht so früh nach Hause? Das passt mir gut, ich hatte Petra ja schon seit Langem versprochen, ihr für die Vorbereitung ihres fünfzigsten Geburtstags mit Rat und Tat unter die Arme zu greifen." „Nein, morgen kommst du bitte mit." Solchen bestimmenden Tonfall von seiner Seite war sie nicht gewohnt. „Aber ...". „Kein aber, dieses Mal nicht." Vor vielen Jahren war sie verschiedentlich mit zu diesen Feiern gegangen, hatte sich aber in der förmlichen Atmosphäre dermaßen gelangweilt, dass sie sich seither immer wieder Ausreden erdacht hatte, um solch einem lähmenden Abend zu entgehen. „Diese Veranstaltungen sind schrecklich", entfuhr es ihr, „warum soll ich mich da quälen?" „Morgen kommst du mit. Und zieh bitte das elegante blaue Chiffonkleid an, das du im vergangenen Jahr an unserer Silberhochzeit getragen hast. Ein langjähriger Mitarbeiter von mir wird verabschiedet, da möchte ich gern, dass du an meiner Seite bist." Dass er sich noch daran erinnern kann, was ich im letzten Jahr für ein Kleid getragen habe, wunderte sie sich. „Muss das denn wirklich sein?“ „Ja.“ Verärgert räumte sie das Geschirr in die Maschine, am liebsten hätte sie ein paar Teller einfach fallen lassen, dann zog sie sich missmutig in ihr Zimmer zurück. Sie rief Petra an und erzählte ihr von dem Dilemma. „Wenn es Thomas so wichtig ist, dass du morgen mit zu der Veranstaltung gehst, dann tu ihm doch den Gefallen. Wir können uns ja auch in der nächsten Woche noch treffen.“

Thomas schlief schon, als sie auch zu Bett ging. Beim Frühstück am kommenden Morgen fiel kein Wort. Als Thomas aufstand, um zum Wagen zu gehen, meinte Andrea nur eisig. „Wann holst du mich heute Abend ab?“ „Um 18 Uhr.“ „Okay.“ „Aber mach dann bitte nicht so ein Gesicht!“

Sie erwiderte nichts, war aber froh, als er endlich weg war. Um sich in gute Laune zu versetzen, fuhr sie in die Stadt und machte einen ausführlichen Einkaufsbummel. Die rote Seidenbluse und die dunkelblauen Pumps, die sie erstand, versöhnten sie mit dem Tag.

Um 17 Uhr ging sie ins Bad, duschte, zog das blaue Kleid an, dazu die neuen Lackschuhe, frisierte und schminkte sich und holte den besten Schmuck aus der Schatulle. Der Abend wird vorbeigehen, machte sie sich selbst Mut.

Natürlich begann die Veranstaltung mit für sie langweiligen Reden. Ihre Gedanken schweiften zu den Boutiquen, die sie morgens durchstöbert, und zu dem Liebesfilm, der sie am gestrigen Abend vor dem Fernseher zu Tränen gerührt hatte.

Schließlich wurde der Höhepunkt des Abends angekündigt. Die nächste Rede, dachte sie und atmete tief durch. Was Petra wohl jetzt macht, ging es ihr durch den Kopf, als, anstatt eines neuen Redners, mit einem Mal ihr Lieblingsviolinist auf der Bühne erschien, ein weltbekannter Stargeiger.

Einen Augenblick lang verschlug es ihr die Sprache. Sie hatte viele seiner Konzerte besucht, stets allein, weil ihr Mann Violinkonzerte nicht mochte. Fast all seine Einspielungen auf CD hütete sie daheim wie wertvolle Schätze und spielte sie in stillen Stunden nur dann ab, wenn ihr Mann nicht daheim war. Mit offenem Mund und tiefem Staunen im Herzen lauschte sie jetzt seinen Klängen, die sie wieder einmal berauschten.

Aber damit nicht genug. Die Überraschung nahm ihren Lauf, als sie beim anschließenden Abendessen seine Tischdame sein durfte. Thomas, der neben der Frau des Musikers Platz genommen hatte, zwinkerte ihr zu. „Ihr Mann muss sie sehr lieben“, meinte der Violinist. Normalerweise spiele ich nicht auf solchen Veranstaltungen. Aber er hat mich nun schon seit Jahren dermaßen hartnäckig bekniet, hier einmal aufzutreten, dass ich ihm diesen Wunsch nicht länger abschlagen konnte.“

STAUNEN

Es gibt Augenblicke
des Staunens,
in denen die Liebe
aufleuchtet
wie am ersten Tag.
Das Herz
ist verzaubert,
Freude
durchströmt die Seele
und der Tag versinkt
in vollendetem
Glück.

DIE ROSE UND DER RITTERSPORN

Es war ein Urlaub wie aus dem Bilderbuch: Blaues Meer, weicher Sandstrand, strahlender Sonnenschein. Von dem Balkon ihres Hotelzimmers aus genoss Sonja abends den märchenhaften Sonnenuntergang. Wenn ich den fotografieren würde, würde jeder das Bild als kitschig abtun, dachte sie. Die Schönheit der Natur an sich ist eben durch nichts zu überbieten und nicht mit technischen Mitteln reproduzierbar. ‚Carpe diem', genieße den Augenblick, dachte sie bei sich. Die Ruhe tat ihr gut. Nach einer nervenaufreibenden Trennung von Matthias, ihrem langjährigen Lebensgefährten, war sie froh, sich jetzt richtig erholen zu können. Im Restaurant hatte sie ein paar nette Leute ihres Alters kennengelernt, mit denen sie gestern einen gemütlichen Altstadtbummel gemacht hatte. Sie wollte die vergangenen Wochen und Monate nicht verdrängen, war manchmal aber auch dankbar für etwas Abwechslung.

Die Hälfte des Urlaubs war herum, alles hatte sich so angelassen, wie sie es sich erhofft hatte. Bis sie Arndt begegnete. Es war an einem Nachmittag im Strandcafé, sie hatte sich einen Espresso bestellt und war damit beschäftigt, einige Ansichtskarten zu schreiben, als sie eine freundliche dunkle Stimme vernahm: „Darf ich mich zu Ihnen setzen?" Sie nickte nur und schrieb weiter. Erst, als der Kellner den Espresso brachte, sah sie auf. Der sieht aber gut aus, durchfuhr es sie, als sie den jungen Mann an ihrem Tisch ansah. Sie spürte, wie sie rot wurde, ärgerte sich über diese sichtbare Reaktion auf ihr Gegenüber, wurde noch röter und vergrub sich wieder hinter ihren Ansichtskarten. Sie hatte das Gefühl, unentwegt beobachtet zu werden, was dazu führte, dass ihr die Adresse ihrer besten Freundin nicht mehr einfiel. Am besten zahle ich und verschwinde, dachte sie. Eine neue Liebesgeschichte ist das letzte, was ich zurzeit brauchen kann. Sie winkte dem Kellner. Doch bevor sie auch nur den Mund aufgemacht hatte, hörte sie Arndt sagen: „Noch zwei Espresso, bitte!“ Er lächelte sie an und meinte fröhlich: „Ich darf sie doch einladen?“ Was sollte sie darauf erwidern. Sie zögerte zu lange, um noch aufstehen und gehen zu können. „Danke“, lächelte sie zurück.

Das war der Anfang einer zarten Urlaubsromanze. Vorbei war es mit der Ruhe am Strand, mit den einsamen Abenden auf ihrem Balkon. Zugegebenermaßen lässt sich ein Sonnenuntergang am Meer zu zweit mit noch ganz anderen Gefühlen genießen als allein. Bloß jetzt noch keine neue Beziehung, warnte ihr Verstand. Andererseits tat es nach all den verletzenden Auseinandersetzungen mit Matthias auch gut, bewundert und verehrt zu werden. Einen kleinen Ferienflirt kannst du dir ruhig gönnen, ließ sich bald ihr Gefühl vernehmen. Sie hatte sich inzwischen dermaßen in Arndt verknallt, dass sie ohnehin nicht mehr zurückkonnte.

Die Tage vergingen wie im Flug. Einmal hatte Arndt organisiert, dass sie früh morgens mit einem Fischkutter auf das offene Meer hinausfahren konnten, wo sie allerdings heftig seekrank geworden war, ein anderes Mal hatten sie sich einen Leihwagen gemietet und waren ins Innere der Insel gefahren, dann wieder lagen sie am Strand, sonnten sich und schwammen um die Wette. Nachts machten sie die Clubs unsicher, oft kamen sie erst in den frühen Morgenstunden ins Hotel zurück.

Dann kam der Abschied. Sonjas Urlaub war zu Ende. Arndt fuhr mit zum Flughafen. Sie umarmten einander innig, dann kam die bange Frage: Wann sehen wir uns wieder? Am Abend zuvor hatten sie die Adressen ausgetauscht. Aber Sonja war unsicher. Ein Urlaubsflirt hatte ihr, wie gesagt, gut getan, aber in den zahlreichen Gesprächen hatte sie gemerkt, wie unterschiedlich sie beide waren. Es hatte sie gestört, dass Arndt immer und überall mit seinem Smartphone fotografierte. „Jetzt lächeln, bitte!" Und schon war sie, ob sie wollte oder nicht, abgelichtet worden. „Du willst Eindrücke und Gefühle konservieren", hatte sie ihn kritisiert. „Freu dich doch lieber an dem, was im Augenblick schön ist, und bewahre die Erinnerungen in dir!" An ihrem geliebten Sonnenuntergang probierte er alle möglichen Belichtungszeiten aus. Eine neue Problembeziehung war das letzte, was sie wollte.

Wieder zu Hause, stürzte sie sich in die Arbeit. Eine Kollegin war krank geworden, dadurch hatte sie mehr zu tun. Diese ungewollte Ablenkung kam ihr gerade recht. An den Abenden ertappte sie sich aber doch immer wieder dabei, dass sie den Erinnerungen an die letzten zehn Urlaubstage nachträumte. Immer wieder einmal griff sie zum Telefon, Arndts Nummer in der Hand. Aber sie blieb standhaft. Es hat keinen Sinn, sagte sie sich und schaltete den Fernseher ein.

Drei Wochen waren so ins Land gegangen, dann kam eine Mail. Er sei in der nächsten Woche dienstlich in ihrer Nähe, da sei es doch nur ein Katzensprung zu ihr. Ob er sie am Wochenende besuchen dürfe. Er würde auch nur eine einige wenige Fotos mitbringen, auf denen sie besonders gut getroffen sei. Sie sollten die schöne gemeinsame Zeit doch noch einmal miteinander nachklingen lassen. Er würde sich sehr freuen.

Das Herz klopfte ihr bis zum Halse. Sie spürte, wie sehr sie sich danach sehnte, ihn wiederzusehen.

Einmal kann man sich ja noch zusammensetzen, sagte sie sich und rief ihn an.

Die ganze Woche über war sie damit beschäftigt, das Wiedersehen vorzubereiten. Blau ist seine Farbe, hatte er einmal, mehr nebenbei, gesagt. Also kaufte sie blaue Servietten und blaue Kerzen und schmückte das Zimmer mit Sträußen von blauem Rittersporn. Rittersporn war seine Lieblingsblume, denn sie erinnerte ihn immer an die herrlichen Sommerferien, die er als Kind bei seiner Großmutter auf dem Land hatte verbringen dürfen, hatte er einmal bemerkt. Sie hingegen konnte Rittersporn nicht ausstehen, sie bevorzugte Rosen, am besten rosafarbene. Ihre ganze Wohnung war in rosa Farbtönen gehalten. Hin und wieder fragte sie sich bei ihren Vorbereitungen selbst, warum sie das alles mache, zumal sie ja keine längere Beziehung zu ihm eingehen wollte. Als sie ihrer besten Freundin

Hanna davon erzählte, reagierte die empört: „Du richtest alles nach seinem Geschmack her, du gibst dich selbst auf, wo bleibt deine Emanzipation?“ Natürlich hatte Hanna, vom Verstand her betrachtet, recht, aber Sonja wäre die Letzte gewesen, die im Stadium hochgradiger Verliebtheit einem Rendezvous noch hätte mit Verstand entgegensehen können.

Endlich war es Samstag. Es klingelte. Vor ihr stand Arndt, schick angezogen, im Arm einen riesigen Strauß rosafarbener Rosen. Sie schlossen sich innig in die Arme, dann stellte sie die herrlichen Blumen in die Vase. Auf das Wiedersehen stießen sie mit Sekt an, dann schaltete er den elektronischen Bilderrahmen ein, auf den er nun doch eine Vielzahl an Bildern heruntergeladen hatte. Es machte Sonja jetzt aber auch Spaß, auf diese Weise die schönen Erinnerungen zu vergegenwärtigen. Anschließend verschwand sie in der Küche. „Ich mache uns was zu essen, du hast sicher Hunger.“

Schon nach kurzer Zeit durchzog der kräftige Geruch von gebratenen Zwiebeln und Fleisch die kleine Wohnung. Arndt runzelte die Stirn. Er kam in die Küche. „Du brätst Steaks?“, fragte er. „Ich denke, du magst kein Fleisch?“ „Aber du doch!“ antwortete sie fast entschuldigend. Es schmeckte ihm köstlich, während sie lange auf jedem Bissen herumkaute.

„Und dann diese schönen Servietten und herrlichen Blumensträuße. Du hast alles so schön gemacht. Aber hast du nicht einmal gesagt, dass du Rittersporn nicht ausstehen kannst und dass du blau als kalt empfindest?“ „Aber du magst doch blau und Rittersporn auch“, erwiderte sie verlegen. „Ich lege uns Musik auf“, meinte sie später. Aus den Lautsprechern tönte Jazz. „Aber du hast doch immer gesagt, dass du klassische Musik liebst und Jazz nicht besonders magst. Im Urlaub habe ich dich nicht in den Jazzkeller gekriegt.“ „Aber du liebst doch Jazz.“ Wie gut, dass Hanna sie jetzt nicht sah und hörte. Arndt nahm sie liebevoll in die Arme. „Danke“, sagte er leise, „du hast mir heute viermal gesagt, dass du mich liebst“.

Sie erschrak und wurde rot. Sie hatte doch mit keiner Silbe etwas von ‚Liebe‘ gesagt. Hanna hatte ihr oft genug ins Gewissen geredet, dass sie einem Mann gegenüber nicht so schnell von Gefühlen reden solle. „Wenn die erst was von ‚Liebe‘ hören, fühlen sie sich eingefangen, fürchten, du willst sie heiraten, und ergreifen die Flucht.“ Hanna musste wissen, wovon sie redete, sie war bereits zweimal geschieden.

„Ich habe doch gar nichts gesagt“, entschuldigte sich Sonja verlegen. „Die Blumen haben zu mir gesprochen, deine Steaks, die Servietten und diese traumhafte Musik.“

Was habe ich da bloß angerichtet, dachte Sonja. Ich wollte dieses eine Wiedersehen so schön wie möglich machen. Jetzt macht er sich Hoffnungen, die ich nicht erfüllen kann und will.

„Ich darf mich am nächsten Wochenende doch revanchieren“, sagte Arndt beim Abschied. „Ich habe dir hier eine Zugverbindung herausgesucht." „Ich weiß nicht“, begann sie zögernd. „Du hast Angst, dich in einer neuen Liebesbeziehung zu verlieren, bevor du dich nach deiner Trennung erst wieder selbst gefunden hast – ist es das?“ Sie nickte. „Wenn du nicht kommen willst, dann ruf an. Aber ich würde mich sehr freuen, wenn ich dich auch einmal verwöhnen dürfte.“

Die Woche quälte sich dahin. Sonja wusste nicht, was sie tun sollte. Schließlich war es Freitagabend und damit zu spät, um abzusagen, fand sie. Also rief sie an. „Ich komme dann morgen, ich bin um 11.20 Uhr am Bahnhof.“ „Ich freue mich sehr, ich hole dich ab.“

Er hatte eine gemütliche Wohnung, Teppichboden und Vorhänge in blau, dazu eine helle Polstergarnitur. Die rosafarbenen Rosen und Servietten gaben dem Ganzen einen erfrischenden farblichen Reiz.

Nach dem Begrüßungsschluck band Arndt sich die Schürze vor. „Kann ich dir was helfen?“ „Hier kocht der Chef selbst“, lächelte Arndt, mach es dir doch im Wohnzimmer gemütlich. Ich habe dir ein paar CDs hingelegt.“ „Bach und Mozart, ich denke du magst keine klassische Musik.“ „Aber du doch“, schmunzelte er. Während sie um die helle Mittagszeit in der ‚Kleinen Nachtmusik‘ versank, strömte aus der Küche der herrliche Duft von in Weißwein und Ingwer gedünstetem Fisch zu ihr herüber. Sie stand auf und ging in die Küche. „Ich denke, du magst keinen Fisch?“ Sie sah ihn fragend an. „Aber du doch“, erwiderte er und fuhr ihr zärtlich über das Haar. Sie hatte begriffen. Es war zu spät, den Rückzug anzutreten. Und sie wollte es auch nicht mehr.

Zwei Jahre später war die Hochzeit. Muss man noch erwähnen, dass der Brautstrauß aus rosa Rosen und blauem Rittersporn bestand, dass die Tische im Restaurant mit rosa Servietten und blauen Tischkarten geschmückt waren, dass es zum zweiten Gang des Festmenüs Fisch und zum dritten ein Fleischgericht gab, dass man zum Essen klassische Musik hörte und am Abend zum Tanz eine Jazzband aufspielte?

„Echt beneidenswert“, meinte Hanna, die zu den letzten Gästen gehörte, als das rauschende Fest ausklang, „ihr passt wirklich toll zusammen. Man hat den ganzen Abend gespürt, wie ihr harmoniert. So eine Beziehung hatte ich mir auch immer gewünscht, in der beide rundum den gleichen Geschmack haben.“

ROTE ROSEN

Der Himmel hängt
voller Geigen,
selige Töne
schweben hinab,
lassen rote Rosen
im Herzen erblühen
– traumtrunken
durchsonnt
von der Liebe –
und das Glück schwebt
auf kleinen Flügeln
bis zu den Sternen
empor.

MIX
Papier aus verantwortungsvollen Quellen
FSC® C043106
FSC
www.fsc.org

Zur Autorin
Christa Spilling-Nöker, geboren in Hamburg, Dr. phil., Pfarrerin der badischen Landeskirche a. D. mit pädagogischer und tiefenpsychologischer Ausbildung, Sie lebt heute als Schriftstellerin in Ettlingen. Ihr poetisches und erzählerisches Talent hat sie zu einer der beliebtesten Autorinnen inspirierender Texte gemacht. Sie veröffentlicht seit mehr als zwei Jahrzehnten im Verlag am Eschbach.

Von Christa Spilling-Nöker sind im Verlag am Eschbach unter anderem erschienen:
Der Himmel ist in dir. Segensworte (70450)
Ich wünsch dir einen schönen Tag (70503)
Jeder Augenblick zählt (70470)
Komm, mein Engel, komm (70436)
Ein Korb voller Glück (70365)
Bleib, wie du bist (70289)
Dann wird dein Leben wie ein Fest (70272)

Zur Künstlerin:
Ursula Mörch, geboren 1944 in Freiburg; seit 1985 widmet sich die Künstlerin der Malerei. Ihre Bilder wurden in zahlreichen Einzel- und Gruppenausstellungen präsentiert und fanden Abdruck in verschiedenen Verlagen. Seit 1992 unterrichtet sie Acryl- und Aquarellmalerei.

ISBN 978-3-86917-529-4

Im Alten Rathaus/Hauptstraße 37
D-79427 Eschbach/Markgräflerland

www.verlag-am-eschbach.de

Gestaltung, Satz und Repro: Angelika Kraut, Verlag am Eschbach
Aquarelle (Cover und Innenteil): © Ursula Mörch,
Freiburg im Breisgau 2017
Schriftvorlagen: Ulli Wunsch, Wehr
Herstellung: Grafisches Centrum Cuno GmbH & Co. KG, Calbe

Manufakt
Dieser Baum steht für umweltschonende Ressourcenverwendung, individuelle Handarbeit und sorgfältige Herstellung.